FOREX-STRATEGIEN

 FOREX-STRATEGIEN

FOREX STRATEGIEN

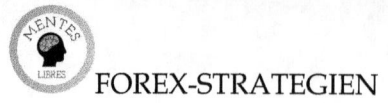 FOREX-STRATEGIEN

 FOREX-STRATEGIEN

Inhalt

Was ist Forex-Handel?

Bedeutung des Devisenhandels

Vier Hauptarten von Aufträgen auf dem Forex-Markt

Preisbewegungen des Devisenhandels: Wie und warum bewegen sich Märkte und wie können Gewinne erzielt werden?

- Sie prognostizieren Trends bei den Forex-Ausgaben
- Der Markt gehorcht den wissenschaftlichen Gesetzen
- Geschäfte können aus den Nachrichten gemacht werden
- Aktuelle Ausgabentrends
- Gewinne den Wettbewerb
- Sei unvollkommen, aber niemals ein Verlierer

Forex Trader: Die Notwendigkeit, objektiv zu sein

- Werkzeuge für den Handel mit Forex
- Die Drei-Trendlinien-Strategie

Wie man mit Forex gewinnt: Die Geheimnisse Schritt für Schritt

- Erfolg kommt von innen
- Disziplin und Verluste
- Ein Geschäftsvorteil

FOREX-STRATEGIEN

- Erfolg liegt in Ihren Händen

Die Gefahren, emotional über den Devisenhandel zu werden

Forex-Handelsstrategie - Kanalaufschlüsselung

Forex Killer vs. Forex

Energiestrategie

Der richtige Zeitpunkt im Devisenhandel

- Richtige Verwendung von Unterstützung und Widerstand
- Warum günstig kaufen und teuer verkaufen, funktioniert nicht
- Sie müssen den Mut haben, aber Sie verdienen Geld

Die Bedeutung von Echtzeit-Forex-Charts

Zinsberechnung am

Devisenhandel

Die Vorteile des automatisierten Devisenhandels

Auswahl der richtigen automatisierten Forex-Handelssoftware

 FOREX-STRATEGIEN

Was ist Forex-Handel?

Der Devisenhandel umfasst den Handel mit internationalen Währungen. Hier können Sie die Währung eines Landes verkaufen, um die Währung eines anderen Landes zu kaufen. Der Händler handelt mit Währungen [Forex] zum geeignetsten Zeitpunkt, um von der Transaktion zu profitieren. Gute Voraussicht spielt in dieser Hinsicht eine Schlüsselrolle. Man mag sich fragen, wie der Devisenhandel eine so lukrative Gewinnchance sein kann, da die Schwankungen an der Börse so gering sind.

Aber denken Sie daran, dass eine kleine Änderung, wenn sie in großen Mengen vorgenommen wird, viel bedeuten kann. Sie hat auch viele nicht-monetäre Vorteile. Jeder, der mit Devisen handeln möchte, kann dies tun, da es nur Grundkenntnisse erfordert.

 FOREX-STRATEGIEN

Mit Forex können Sie viel Geld verdienen. Aber es gibt bestimmte Bedingungen, die vor dem Handel auf dem Forex zu beachten sind. Zuallererst müssen Sie eine gründliche Kenntnis der Börsentrends, der Handelsgrundlagen und der Risikofähigkeit besitzen. Sie werden alle Hilfe erhalten, die Sie brauchen, um diese Bedingungen sehr leicht zu erreichen.

Es gibt viele Seiten im Internet, die Ihnen helfen können, Ihre Grundlagen zu klären und mit schlechtem Wetter umzugehen. Ein guter Grund, warum der Devisenhandel in Betracht gezogen werden kann, ist die Tatsache, dass es häufige Währungsschwankungen gibt, auch wenn sie prozentual gesehen gering sein können.

Sie gewinnen, wenn die Fluktuation zu Ihren Gunsten ist und auch das Gegenteil zutrifft. Niemand kann den Trend der Währungen genau vorhersagen. Die Liquidität ist ein weiterer Grund, warum der Devisenhandel so beliebt ist.

Jetzt der wichtigste Teil - im Devisenhandel können Sie große Geldsummen verdienen, auch wenn Ihre Anfangsinvestition auf einer niedrigeren Seite liegt. Sie können schon ab 50.000 $ investieren. Reiche Menschen haben keine Obergrenze für die Höhe der Investitionen. Denken Sie also daran, dass selbst bei einer nominalen Investition die Verdienstmöglichkeiten sicherlich sehr groß sind.

Die meisten großen Unternehmen sind heute an die Internet-Welt angeschlossen, und der Devisenhandel bildet da keine Ausnahme. Sie können von zu Hause aus mit Währungen handeln. Tatsächlich wird sie vollständig online durchgeführt. Sie haben die Freiheit zu wählen, wann Sie handeln wollen, und Sie müssen keine Fristen einhalten.

 FOREX-STRATEGIEN

Im Grunde können Sie Ihr eigener Chef sein. Der Online-Handelsprozess ist so einfach, dass ihn jeder verstehen kann. Sie brauchen nur ein Forex-Handelskonto bei einem anerkannten Broker zu eröffnen und dieser erledigt die restlichen Formalitäten. Alles, was Sie tun müssen, ist, sich mit dem Betrag Ihrer Investition vorzubereiten.

Daher ist es klar, dass der Forex-Handel eines der besten Geschäfte sein kann, um Geld zu verdienen. Es ist zwar ein gewisses Risiko damit verbunden, aber es lässt sich mit der gebotenen Sorgfalt und einem wachen Geist vermeiden!

FOREX-STRATEGIEN

Bedeutung des Devisenhandels

Beim Devisenhandel [Forex] werden verschiedene Fremdwährungen gegen Gewinn eingetauscht.

Der Grund für den Kauf der Währung eines anderen Landes kann die Notwendigkeit sein, zusätzlich zum Geldverdienen durch den Wechselkursunterschied auch einige Waren aus diesem Land zu kaufen.

Im letzteren Fall kaufen die Menschen Währung aus einem fremden Land, wenn der Kurs auf dem Markt niedrig ist, und verkaufen sie, wenn die Kurse steigen. Der Devisenhandel wird gewöhnlich zwischen Zentralbanken, der Regierung, Spekulanten

und multinationalen Unternehmen abgewickelt. Nationen können ohne die Präsenz eines ausländischen Marktes keinen Handel miteinander treiben.

Auf dem Forex-Markt wird täglich ein großer Geldbetrag gehandelt, obwohl der von einem einzelnen Händler investierte Betrag sehr niedrig sein kann.

Niemand kann individuell Einfluss auf die Devisenschwankungen nehmen, nicht einmal die Regierung. Daraus kann man leicht schließen, dass das Niveau der Währung die Stärke oder Schwäche der Wirtschaft eines Landes widerspiegelt. Dies macht den Devisenmarkt zu einem guten Ort für Wettbewerb.

Die Regierung und die Zentralbank versuchen, die Währung ihres Landes zu stabilisieren, indem sie zur richtigen Zeit spekulieren, Währungen kaufen und verkaufen. Sie können jedoch den Markt beeinflussen, wenn sie in großen Mengen handeln. Um die eigene Währung zu kaufen, muss die Regierung oder die Zentralbank jedoch über riesige Devisenreserven verfügen. Daher ist es praktisch unmöglich, den Wert der Währung künstlich aufzublähen.

Banken handeln viel mit Fremdwährungen, und dies ist ein Teil des Volumens auf dem Devisenmarkt. Sie kaufen Währungen nicht nur als einzelne Einheiten, sondern auch im Namen ihrer Kunden. Sie handeln mit vielen Termingeschäften. Bis vor einigen Jahren konnten Broker die Handelsvolumina auf dem Forex-Markt beeinflussen.

Aber aufgrund der heute verfügbaren elektronischen Dienstleistungen sind die Dienste von Maklern nicht notwendig. Es ist einfach, elektronisch zu handeln.

 FOREX-STRATEGIEN

Der Handel mit internationalen Ländern ist nur mit der Existenz von Forex-Märkten möglich. Wenn es keinen Devisenmarkt gibt, gibt es keine gemeinsame Währung zwischen zwei Ländern, so dass man den Wert einer Währung nicht gegen die andere auswerten kann.

Der Käufer bezahlt den Verkäufer in der Währung des Verkäufers. Mit dem so erhaltenen Geld kauft der Verkäufer Waren im Land des Käufers und verkauft diese Waren in seinem Land.

Nur dann kann er wissen, wie viel er mit dem Export verdient hat. In der Gegenwart eines Devisenmarktes ist es für einen Verkäufer jedoch sehr einfach, seine Gewinne genau in dem Moment zu kennen, in dem er ein Exportgeschäft tätigt. In ähnlicher Weise hat der Käufer auch eine genaue Kenntnis der Kosten, die ihm beim Kauf von Waren aus einem internationalen Land entstehen.

 FOREX-STRATEGIEN

Vier Hauptarten von Aufträgen auf dem Forex-Markt

Es gibt viele Arten von Aufträgen, die Händler platzieren können, um auf dem Forex-Markt zu handeln, um einen Gewinn zu erzielen.

Marktordnung

Die Marktordnung ist die einfachste und gebräuchlichste. In diesem Fall kauft und verkauft der Betreiber die Währung zu dem Wechselkurs, der zum Zeitpunkt der Auftragserteilung auf dem Markt gilt. Aufgrund der Größe des Marktes und der hohen Volatilität können Trends jederzeit umgekehrt werden, so dass die Leute es vorziehen, Aufträge zum Marktpreis zu erteilen, um sich vor negativen Trends zu schützen.

Einstweilige Verfügung

In diesem Fall gibt der Händler einen Preis an, zu dem er die Währung vielleicht kaufen oder verkaufen möchte. Angenommen, ein Händler hat GBP gegen USD zu 1,9710 gekauft, dann kann er einen Verkaufsauftrag zu 1,9725 platzieren, wenn die Börse den Auftrag ausführt und er davon profitiert. Der Auftrag wird annulliert, wenn der Zielpreis während des Tages nicht erreicht wird.

Stop-Loss-Order

Aufgrund der Volatilität sind Stop-Losses unerlässlich. Sie bestimmen den maximalen Verlust, den ein Händler bereit ist, in Kauf zu nehmen. Angenommen, die Risikofähigkeit des Händlers ist im obigen Fall gering, dann kann er einen Stopp-Loss bei 1,9705 platzieren, auf welchem Niveau die Änderung für ihn Verluste bedeuten wird, und er ist von einem Rückgang unter 1,9705 nicht betroffen.

Eintritts-Reihenfolge

Diese Order wird nur ausgeführt, wenn bestimmte Marktbedingungen erfüllt sind, die in der Order angegeben sind. Die Entry-Order kann eine Limit-Entry-Order oder sogar eine Stop-Entry-Order sein.

Limit-Eingabeauftrag

Nehmen wir zum Beispiel an, der aktuelle Marktpreis für GBP/USD beträgt 1,9705-10. Dies bedeutet, dass der Händler auf diesen Ebenen handeln kann. Hier kann ein Händler eine limitierte Einstiegsorder platzieren, um seine Aktien zu einem Preis über dem

FOREX-STRATEGIEN

Marktpreis, sagen wir 1,9715, zu verkaufen. Sein Auftrag würde nur ausgeführt werden, wenn dieser Preis erreicht wird. In ähnlicher Weise können Sie einen Kaufauftrag auf einem Niveau von z.B. 1,9700 platzieren, und Ihr "Kauf"-Auftrag bleibt schwebend, bis der Preis auf dieses Niveau fällt.

Einreise-Stopp-Reihenfolge

Diese Order wird im Allgemeinen verwendet, wenn der Händler Grund zu der Annahme hat, dass die Währung in einer festen Spanne gehandelt wird und glaubt, dass sie kurz vor einem Bruch in dieser Spanne steht. Vielleicht möchten Sie zu einem höheren Preis als dem Marktpreis kaufen oder zu einem niedrigeren Preis als dem Marktpreis verkaufen. Im gleichen Beispiel kann der Händler weitermachen und zu 1,9720 kaufen oder zu 1,9690 verkaufen, wobei er glaubt, dass die Währung, sobald diese Niveaus erreicht sind, je nach Fall nur noch weiter nach oben oder unten gehen wird. Ein Händler übt die Stop-Entry-Order nur dann aus, wenn er berechtigten Grund zu der Annahme hat, dass es auf dem Forex-Markt zu starken Wechselkursbewegungen kommen wird.

FOREX-STRATEGIEN

Preisbewegungen des Devisenhandels: Wie und warum bewegen sich Märkte und wie können Gewinne erzielt werden?

Es ist nicht einfach, die Trends bei den Devisenausgaben zu verstehen. Geschäftsleute haben oft Missverständnisse und machen darauf basierende Agenden und erleiden Verluste.

Die folgenden Informationen können Ihnen helfen, Trends zu verstehen:

 FOREX-STRATEGIEN

Sie prognostizieren Trends bei den Forex-Ausgaben

Geschäftsleute schauen auf ein bestimmtes Niveau und springen zu ihm, weil sie denken, es sei stabil. Dies basiert jedoch einfach auf Annahmen, und das funktioniert im Forex-Geschäft nie. Es gibt keine genaue Vorhersage.

Wenn das Ziel darin besteht, zu gewinnen, müssen Sie das Geschäft auf sichere Schießkostentrends stützen. In diesem Zusammenhang gibt es bestimmte Faktoren, die im Folgenden aufgeführt sind.

Der Markt gehorcht den wissenschaftlichen Gesetzen

Es gibt die Vorstellung, dass Markttrends auf Logik beruhen. Einige Gläubige sind Gann, Elliot und die Fibonacci-Anhänger.

Wenn jedoch jeder alles wüsste, wären die Preise nie eine Überraschung gewesen und es gäbe keine Märkte. Der Laie würde diese Ideen und ihre fantastischen Vorschläge akzeptieren. Die Fakten sagen jedoch etwas anderes.

 FOREX-STRATEGIEN

Geschäfte können aus den Nachrichten gemacht werden

Es ist nicht ratsam, da die Nachricht unbedeutend ist. Die Art und Weise, wie Nachrichten über Bewegungen entscheiden sollen. Lassen Sie uns sehen, wie sich die Trends entwickeln.

Aktuelle Ausgabentrends

Grundbegriffe + individuelle Sicht auf sie = Trends auf dem Devisenmarkt

Menschen sind selten rational. Sie funktionieren oft emotional, so dass die logische Argumentation nicht immer stimmt. Wahre menschliche Psychologie ist

 FOREX-STRATEGIEN

konsistent, aber diese Fragen sind nicht logisch:

1. Die Menschen treiben die Kosten auf die Spitze, und diese Wege können gewinnbringend genutzt werden.

2. Machen Sie sich an die Arbeit. Lassen Sie sich nicht auf Ratespiele ein.

Gewinne den Wettbewerb

Forex ist ein Sport, und der Wettbewerb basiert auf Chancen. Vielleicht können Sie die Chancen nicht bestimmen, aber Sie werden nie verlieren.

Das gilt nicht für jeden Fall, aber versuchen Sie es in Situationen mit hoher

 FOREX-STRATEGIEN

Wahrscheinlichkeit, und Sie werden sicherlich den Kuchen mit sehr geringem Verlust einnehmen. Große Zeitgewinne erzielen.

Gefräßigkeit und Panik schwankende Kosten, wodurch Punkte entstehen, die in Forex-Programmen sichtbar sind und gewinnbringend eingesetzt werden können.

Es ist ein Spiel, damit Sie bei Preisschwankungen auf Ihrer Seite an die Arbeit gehen. Kontrollieren Sie Ihre Finanzen gut und seien Sie ein Gewinner.

Sei unvollkommen, aber niemals ein Verlierer

Die Devisenmärkte sind voll von denen, die versuchen, zu raten und versuchen, eine unentdeckte Trendfigur zu erhalten, die nicht existiert. Auch wenn die Trends bei den Devisenausgaben chaotisch erscheinen, wird es Sie zum Gewinner machen, wenn Sie Ihr Geschäft auf Kostenschwankungen stützen.

Es mag für viele kein ideales Geschäft sein, aber wenn man es richtig macht, kann man durch den Devisenhandel viel Geld verdienen.

Forex Trader: Die Notwendigkeit, objektiv zu sein

Für Devisenhändler ist es schwierig zu erkennen, dass der Devisenmarkt extrem unberechenbar ist. Da neue Händler viel Zeit damit verbringen, die Mechanik des Devisenhandels zu erlernen und ihre Zeit und Energie darauf zu verwenden, eine Methode zur Vorhersage von Bewegungen zu finden, erwarten sie natürlich, dass es Regeln für die Bewegung des Marktes gibt. Dies ist nicht der Fall, viele Händler sind im Nachteil.

Während Devisenhändlern eine Reihe von Instrumenten zur Verfügung stehen, die es ihnen ermöglichen, den richtigen Zeitpunkt für die Eröffnung oder Schließung einer Position zu beurteilen, ziehen es viele vor, sich nur auf ein einziges Instrument zu verlassen.

Wenn sie also eine Position eröffnen, schauen sie auf ihren Lieblingsindikator und stützen ihre Handelsentscheidungen weitgehend allein darauf und ignorieren andere.

Das funktioniert gut genug, bis dieser Indikator ihnen etwas anderes sagt als die anderen. Händler, die in einer offenen Position gefangen sind, die sie auf Anweisung ihres Lieblingsinstruments halten sollen, tun dies oft, obwohl andere Instrumente ihnen raten, den Markt zu schließen und zu verlassen und am Ende Geld zu verlieren.

Das Grundproblem besteht natürlich darin, dass der Händler den Markt nicht so betrachtet, wie er ist, sondern durch die Linse

seiner eigenen Erwartungen an den Markt und unter Verwendung seines bevorzugten Indikators, um diese Vorstellungen zu untermauern, anstatt das Gesamtbild zu betrachten. Und, ermutigt durch die Tatsache, dass der gewählte Indikator die von ihm gewünschte Gewinnprognose ist, konzentriert sich der Händler mehr auf das Geld als auf den Markt.

Wenn der Devisenmarkt nicht unberechenbar wäre, würde er zusammenbrechen, weil alle Händler die ganze Zeit davon profitieren würden. Es gibt viele Instrumente, die Händlern helfen können, die Richtung des Marktes vorherzusagen, und sie leisten in der Regel eine effiziente Arbeit. Aber selbst in den Händen der erfahrensten Händler versagen die besten Instrumente manchmal bei der korrekten Vorhersage von Marktbewegungen.

Der Verlust beim Handel aufgrund von Fehleinschätzungen des Marktes ist ein angeborener Teil des Forex-Handels, und Händler müssen dies akzeptieren. Darüber hinaus müssen sie lernen zu vermeiden, dass sie in eine Lage geraten, in der sie nicht viele Optionen haben.

Um dies zu tun, muss der Händler die Tatsache akzeptieren, dass der Forex-Markt seinen eigenen Willen hat und Händler müssen seinen Bewegungen folgen, anstatt zu versuchen, ihn in die gewünschte Richtung zu lenken.

Werkzeuge für den Handel mit Forex

Es gibt kein einziges superintelligentes Forex-Handelsinstrument, das Ihnen Gewinne, Gewinne und noch mehr Gewinne bringt. Die einzig mögliche Lösung besteht darin,

eine Kombination verschiedener Instrumente einzusetzen, um günstige Marktkräfte zu identifizieren und eine maximale Anzahl von Geschäften mit hoher Wahrscheinlichkeit über einen bestimmten Zeitraum zu erhalten. Trendlinien sind das beliebteste und zuverlässigste Forex-Handelsinstrument, für das viele erfolgreiche Händler ihr Zeugnis ablegen.

Die Drei-Trendlinien-Strategie

Trendlinien sind ein wichtiges Instrument zur Identifizierung und Bestätigung von Trends in der technischen Analyse. Es ist eine gerade Linie, die zwei oder mehr Preispunkte verbindet und sich dann in die Zukunft erstreckt, um Sie zu leiten.

In einem Aufwärtstrend werden Linien durch signifikante Tiefs gezogen, in einem Abwärtstrend durch signifikante Hochs. Um die Trendlinien grob zu klassifizieren, können wir sie in drei Bereiche unterteilen: kurzfristige Trendlinien, mittelfristige Trendlinien und langfristige Trendlinien.

1. Kurzfristige Trendlinien

Zeichnen Sie diese Linien durch die beiden jüngsten Tiefstwerte für einen Aufwärtstrend oder durch die beiden jüngsten Höchstwerte für einen Abwärtstrend. Die besten Beobachtungen finden in einem kürzeren Zeitrahmen statt, z.B. in einem 15 oder 30 Minuten-Chart.

2. Mittelfristige Trendlinien

Diese lassen sich am besten in einem höheren Zeitrahmen beobachten, z.B. in einem 60-Minuten-Diagramm. Verbinden Sie die

Preisaktion, die der signifikanten Preisaktion am nächsten liegt, die der aktuellen Preisaktion am nächsten liegt, mit der vorherigen signifikanten Preisaktion in einem Aufwärtstrend oder die signifikante Preisaktion, die der aktuellen Preisaktion am nächsten liegt, mit der vorherigen signifikanten Preisaktion in einem Abwärtstrend.

3. Langfristige Trendlinien

Sie verwendet höhere Zeitrahmen wie den 4-Stunden-Chart oder den Tages-Chart, um langfristige Trendlinien mit der gleichen Methode wie die mittelfristigen Trendlinien zu zeichnen. Die langfristige Trendlinie gilt als ein wirksames Instrument für den Devisenhandel. Die Tages-Chart wird hauptsächlich von Händlern aus großen Institutionen verwendet, die normalerweise keine kleinen Intraday-Bewegungen vornehmen.

Durch das Zeichnen einer Trendlinie auf einem Tages-Chart können Sie grafisch analysieren, wo sich der Preis befindet und wo er sich wahrscheinlich wieder erholen wird. Aber nutzen Sie Trendlinien als ein Instrument, um mit Vorsicht und Diskretion auf dem Forex zu handeln. Wenn Sie Ihre Diagramme mit allen möglichen Trendlinien abdecken, führt dies zu Verwirrung und unscharfen Analysen.

Es ist keine gute Idee, sich kurzfristig ganz auf eine Trendlinie zu verlassen. Sie geben Ihnen lediglich ein klares Bild der aktuellen Preisaktion. Diese werden oft im Laufe eines Tages gebrochen. Ihr Hauptzweck besteht darin, Ihnen eine klare und sofort erkennbare grafische Darstellung des aktuellen Preisverhaltens zu liefern.

Wenn Sie feststellen, dass der Preis eine Trendlinie in den höheren Zeiträumen erneut

 FOREX-STRATEGIEN

testet, schauen Sie sich andere Faktoren an. Zeichnen Sie horizontale Linien, um die Hauptstütze und den Widerstand zu markieren, indem Sie die obigen Auf- und Abwärtsbewegungen verwenden.

Zeichnen Sie Fibonacci-Retracement- und Extensionsebenen ein. Berechnen Sie tägliche Pivot-Punkte und platzieren Sie diese auf Ihrem Chart.

Lassen Sie den 200 EMA (Exponentieller Gleitender Durchschnitt) in Ihren Diagrammen anzeigen.

 FOREX-STRATEGIEN

Wie man mit Forex gewinnt: Die Geheimnisse Schritt für Schritt

Wenn 95% der Händler Geld verlieren, warum glauben Sie dann, dass Sie gewinnen können? Um Ihre Erfolgschancen als Forex-Händler zu sehen, finden Sie hier eine Checkliste, die Sie sich ansehen sollten, um einer der Elite-Händler zu werden, die auf lange Sicht enorme Gewinne erzielen.

Im Folgenden sind einige Möglichkeiten aufgeführt, Geld zu verlieren. Vielleicht möchten Sie Ihre Meinung sofort ändern, wenn Sie daran denken, eines davon auszuprobieren. Tun Sie dies, um Verluste zu vermeiden und Ihre Forex-Ausbildung fortzusetzen!

FOREX-STRATEGIEN

1. Nach einem Forex-Roboter mit simulierten Gewinnen - Sie können scheinbar ohne Anstrengung Erfolge erzielen, wie diese versprochen haben. Sie werden gebeten, Ihre simulierten Tracking-Datensätze durch eine Sicherungskopie zu akzeptieren. Ihr Kapital wird zerstört, wenn sie getestet werden.

2. Day Trading und Scalping - Aufgrund kurzfristiger Zufallsvolatilität funktioniert es einfach nicht. Wie Roboter haben auch die Menschen, die sie verkaufen, immer eine simulierte Geschichte.

Viele weitere davon fallen in die Kategorie des Versuchs, jemand anderen für den Erfolg zu finden. Auf den Devisenmärkten funktioniert das nicht.

Abgesehen davon, dass Sie einen Handelsvorteil brauchen, müssen Sie auch die Wege und Gründe verstehen, die zum

Erfolg führen. Lassen Sie uns das im Detail betrachten.

Erfolg kommt von innen

Die Kombination aus einfacher und robuster Hilfe zum Verständnis und diszipliniertem Handel ist das, worum es beim Devisenhandel geht.

Sie müssen wissen, was Sie tun, um mit Disziplin zu handeln. Das bedeutet, dass man Vertrauen hat, das man definitiv nicht von jemandem bekommt, der einem sagt, was man tun soll. Sie gewinnen Selbstvertrauen durch Ihr eigenes Wissen und Lernen.

FOREX-STRATEGIEN

Disziplin und Verluste

Da man Handelssignale über verpasste Perioden hinweg immer wieder ausführen muss, ist Disziplin schwierig. Das muss so lange so weitergehen, bis Sie einen Home-Run schlagen, auch wenn der Markt Sie um Ihr Geld betrügt.

Ein Geschäftsvorteil

Was Ihr Devisenhandelssystem von den 95% Verlierern unterscheidet, ist Ihr Handelsvorteil. Sie können beantworten, worin Ihr Handelsvorteil besteht und wie er Ihnen helfen wird, die Mehrheit zu schlagen. Sie haben keinen, wenn Sie nicht wissen, was es ist.

FOREX-STRATEGIEN

Nur wenigen gelingt es, einfach den Devisenhandel aufzuspüren. Diese Elemente sind in der Handelsstrategie der Gewinner enthalten:

Verwendung eines einfachen und robusten Devisenhandelssystems

- über ein solides Fundament in den Grundlagen des Devisenhandels verfügen

- Genau wissen, warum Ihr System Sie zum Erfolg führen wird

- Haben Sie das Selbstvertrauen und die Disziplin, Ihren Plan durchzuziehen

- Wissend, dass sie allein für Ihren Erfolg im Forex-Handel verantwortlich sind

 FOREX-STRATEGIEN

Sie müssen allein sein, Vertrauen in Ihr Handeln haben und diszipliniert handeln, um Ihren Plan im Devisenhandel zu befolgen.

Erfolg liegt in Ihren Händen

Es klingt einfach, aber in Wirklichkeit hängt es von Ihrem Ansatz im Devisenhandel ab - mit der richtigen Denkweise und der richtigen Ausbildung. Der Händler übertrifft sich selbst, anstatt dass der Markt den Händler im Forex-Handel besiegt.

Lernen Sie die Grundlagen, besorgen Sie sich ein geeignetes System, seien Sie selbstbewusst, verschaffen Sie sich einen Vorteil und seien Sie diszipliniert. Tun Sie all

dies, um den Erfolg des Devisenhandels zu genießen.

 FOREX-STRATEGIEN

Die Gefahren, emotional über den Devisenhandel zu werden

Sich an der Börse zu begeistern, ist das Schlimmste, was Anlegern passieren kann. Dasselbe gilt für Devisenhändler. Papierverluste im täglichen Handel sind recht häufig zu beobachten.

Wenn Sie einmal die Entscheidung getroffen haben, etwas zu kaufen und einen Verlust zu machen, halten Sie auch dann noch durch, wenn sich die Situation von einer schlechten zur schlechteren entwickelt, nur weil Sie das Gefühl haben, dass sich die Dinge wieder zu Ihren Gunsten entwickeln könnten.

Das Hauptproblem hier ist, dass die Entscheidung, lange in einer verlierenden Operation zu bleiben, eine emotionale Entscheidung ist, da man nicht in der Stimmung ist, einen Verlust zu akzeptieren und aus der Operation auszusteigen.

Der Forex-Markt wird weitgehend vom allgemeinen Markt beeinflusst, und Sie sollten immer auf der Grundlage von marktbasierten Indikationen handeln und nicht einfach eine beginnen, wie es Ihnen Ihr Herz sagt. Manchmal sind Sie auf dem Devisenmarkt so emotional mit einer bestimmten Währung verbunden, dass der Großteil Ihres Engagements auf dem Devisenmarkt in dieser bestimmten Währung stattfindet.

Dagegen ist nichts einzuwenden, denn wenn Sie berechtigten Grund zu der Annahme haben, dass sich die Währung gut entwickeln wird, dann werden Sie tatsächlich von der Änderung profitieren. Das 'Falsche' ist es,

 FOREX-STRATEGIEN

einen Handel mit einer Währung zu eröffnen, nur weil das Herz es einem sagt.

Wenn Ihnen irgendeine Währung am Herzen liegt, dann prüfen Sie am besten die Realität mit dem, was der Markt Ihnen sagt. Dadurch erhalten Sie eine klare Vorstellung davon, ob Sie mit dieser Währung handeln sollten oder nicht.

Grundsätzlich sollten Sie daran denken, dass es, wenn Sie einmal einen Handel begonnen haben und Papierverluste zu verzeichnen haben, und allen Anzeichen nach wahrscheinlich ist, dass es für Sie noch schlimmer wird, dann ist es viel besser, die Verluste zu zählen und davonzulaufen, als so lange daran festzuhalten, bis Sie schließlich in der Lage sind, daraus Gewinne zu ziehen. Denken Sie daran, dass Märkte wenig Raum für Emotionen haben.

Der Devisenhandel ist keine Win-Win-Situation. Seien Sie darauf vorbereitet, auch bei einigen Geschäften zu verlieren. Das ist genau die Art und Weise, wie der Markt funktioniert. Es geht nicht wirklich um die Frage, ob man Recht oder Unrecht hat, Tatsache ist, dass Märkte sich auf unerwartete Weise bewegen und die Fähigkeit haben, Menschen zu überraschen, wenn sie es am wenigsten erwarten. Alle Grundlagen und sogar die Erfahrung können in die Luft geworfen werden, wenn die Märkte sich entscheiden, etwas zu tun.

Folgen Sie also den Anweisungen, die Ihnen der Markt gibt. Wenn Sie das Gefühl haben, dass nach der Aufnahme eines Handels die Dinge nicht so laufen, wie Sie erwartet haben, legen Sie Ihre Verluste beiseite und steigen Sie aus. Sie können den Betrag in einen anderen Handel investieren und gute Gewinne erzielen, anstatt Ihren verlorenen Handel zu behalten.

FOREX-STRATEGIEN

Forex-Handelsstrategie - Kanalaufschlüsselung

Das Forex-System ist das größte Handelssystem der Welt. Sie macht sich einige Bewegungen zunutze, damit Geschäftsleute gut verdienen.

Eine akzeptierte Forex-Geschäftsagenda, die im Geschäftsleben recht gewinnbringend eingesetzt wird, heißt Channel Breakout.

Forex-Handelskanäle - Kanäle bestehen aus Routen, die nach einem Zeitplan erstellt wurden, um die Matrix zu verfolgen, in der der Handel über einen bestimmten Zeitraum getätigt wurde. Sie können auf einfache Weise konstruiert werden. Betrachten Sie den Zeitplan über einen bestimmten Zeitraum

und ziehen Sie Linien, die vergleichsweise hohe Ausgaben für das Spot-Geschäft und nach unten vergleichsweise niedrige Ausgaben für das Spot-Geschäft miteinander verknüpfen. Damit erhalten Sie über einen Zeitraum von etwa sechs Monaten ein Bild der bestehenden Geschäftsmatrix.

Kanalausbruch - Sobald der Wert des Austauschs über die Spitzennetzleitung ansteigt, kommt es zu erhöhten Netzwerkleckagen. Sobald der Wert unter den niedrigsten Punkt des Netzes fällt, kommt es auch zu einer Netzwerkleckage nach unten. Netzverluste treten nach oben und unten auf. Mit genügend Forex-Informationen mit wissenschaftlicher Überprüfung kann jeder den Prozess nutzen, um eine einträgliche Handelsagenda zu erhalten.

Die Kanäle müssen mit großer Sorgfalt aufgebaut werden. Nicht jede Liniensitzung weist auf einen ordnungsgemäßen Ausgang

FOREX-STRATEGIEN

hin. Wenn es irgendeinen Trugschluss in der Linienkonstruktion gibt, dann ist das, was Sie sehen, ein Geschäft außerhalb der Matrix, das Sie einfach wieder nach innen führt. Verschaffen Sie sich also zunächst einmal genügend Wissen über Forex.

Verdiente Kontrolle über Forex-Kanäle - Wenn Sie die Funktionsweise der Netzwerke entdecken, werden Gewinne erzielt. Bauen Sie das Geschäft mit genügend Pausen auf. Im Falle eines falschen Signalaustritts erhalten Sie dann erträgliche Verluste oder, wenn Ihnen das Glück hold ist, einen sehr geringen Gewinn.

Aber wenn Sie auf der richtigen Seite eines ordentlichen Netzausbruchs stehen, wird der kleine Fehler, den Sie erhalten haben, beseitigt, und Sie werden einen guten und zufriedenstellenden Gewinn erzielen.

FOREX-STRATEGIEN

Jeder Anteilseigner eines Forex-Unternehmens, der seinen Namen wert ist, profitiert von der undichten Stelle in den Kanälen. Falls Sie auf den Devisenmärkten bezahlt werden wollen, verbringen Sie eine gewisse Zeit mit Forex-Schulungen, um diese Agenda und verschiedene technologische Prüfverfahren aufzubauen.

Dies wird die Handelsagenden stärken, was positive Auswirkungen haben wird. Wenn Sie sich nicht die Zeit nehmen, die Einsätze und Erträge einer Forex-Handelsagenda vollständig zu verstehen, werden Sie möglicherweise nicht die gewünschten Konsequenzen erzielen. Wie Sie sehen, hängt Ihr Gewinn von Ihnen ab.

FOREX-STRATEGIEN

Forex Killer vs. Forex Energiestrategie

Für diejenigen, die ein Interesse an dem riesigen Devisenmarkt mit 3 Billionen Dollar pro Tag haben, ist es allgemein bekannt, dass Sie, um auf der richtigen Seite des Devisenmarktes zu bleiben, ständig neue Pläne entdecken müssen, um Ihre Verluste zu minimieren und Ihre Gewinne zu maximieren, und sich immer anpassen müssen, damit Sie jede Gelegenheit nutzen können, um einen größeren Anteil am Kuchen zu bekommen.

Die Forex-Assassin-Formel und der Forex-Power-Strategie-Kurs sind zwei der am weitesten verbreiteten Forex-Handelsinstrumente. Diese beiden

Instrumente haben begeisterte Kritiken erhalten, aber ihre Funktionsprinzipien sind völlig unterschiedlich. Wie würden Sie als Forex-Händler verstehen, welches Instrument für Sie am besten geeignet ist? Um Ihnen aus Ihrer Verwirrung herauszuhelfen, lesen Sie weiter.

Die Forex Assassin Formel ist als Lösung für die Probleme des geschäftigen Devisenhändlers gedacht. Dieses Tool ist ideal für durchschnittlich 9 bis 5 Fachleute, die durch den Forex-Handel ein zusätzliches Einkommen erwirtschaften möchten, aber nicht die Zeit finden, die Märkte den ganzen Tag über zu beobachten oder komplexe technische Formeln, Analysen und Charts zu studieren.

Forex Assassin ist eine einfache und bequeme Strategie, die auch mit wenig oder gar keinem Verständnis für die tatsächliche Funktionsweise des Marktes eingesetzt werden kann. In der Regel dauert es etwa

FOREX-STRATEGIEN

eine Viertelstunde pro Woche, um eine Handelsstrategie vorzubereiten und zuzuweisen, danach müssen Sie sich nur noch entspannen und den Markt seine Arbeit tun lassen.

Es ist sehr einfach, aber auf der anderen Seite auch sehr begrenzt, da man nicht viel Marktkenntnis haben muss. Das Ziel besteht darin, dem Dummy zu erlauben, begrenztes Geld zu verdienen, indem seine Verlustrisiken minimiert werden, was jedoch nicht der beste Weg ist, um das meiste Geld zu verdienen.

Im Gegenteil, das Forex Power Strategy-Tool bietet einen detaillierten und tiefgreifenden Kurs über die Dynamik und Wirtschaft des Marktes. Sie berücksichtigt eine große Menge an Material und schließt alle Ebenen des Handels ein. Infolgedessen ist viel Zeit und Aufmerksamkeit erforderlich, um das Beste aus dem Kurs herauszuholen und seine Lektionen zu absorbieren. Wenn Sie also nicht genügend Zeit dafür aufwenden können, ist das Forex-Energiestrategie-Tool nichts für Sie.

Aber im Gegenzug haben Sie die Gewissheit, dass Sie bis zum Ende des Kurses ein besseres und solideres Verständnis für die Funktionsweise des Marktes erlangt haben und Ihr Gewinnpotenzial entsprechend höher sein wird.

Aber egal, für welches Instrument Sie sich entscheiden, es ist besser, eines von beiden einzusetzen, als blind auf dem Markt zu handeln und am Ende große Verluste zu erleiden.

FOREX-STRATEGIEN

Der richtige Zeitpunkt im Devisenhandel

Wenn Sie eine Geschäftsmöglichkeit wahrnehmen, ist der entscheidende Faktor, genau zu wissen, wann Sie kaufen müssen. Leider ist dies der Punkt, an dem die meisten Menschen das Argument verlieren, weil sie ihre Einstiegshöhen falsch gewählt haben. Aber hier sind einige grundlegende Richtlinien, die Ihnen durch diese entscheidenden Zeiten helfen sollen:

 FOREX-STRATEGIEN

Richtige Verwendung von Unterstützung und Widerstand

Wenn Sie versuchen, die Grundregel des Aktienmarktes - "Buy low, sell high" - im Devisenhandel anzuwenden, werden Sie tatsächlich Geld verlieren. Um das zu verstehen, muss man wissen, wie das Unterstützungs- und Widerstandssystem funktioniert.

Ein Stützungspreis ist ein historisch belegter Preis, zu dem Händler intervenieren und kaufen, um "den Markt zu stützen". Je öfter dieser Preis getestet wird, desto bankfähiger wird der Unterstützungspreis sein.

Umgekehrt wird ein Widerstandsniveau als ein Niveau definiert, auf dem "die Preise einem Anstieg widerstanden". Auch hier gilt:

Je öfter dieses Niveau getestet wird, desto zuverlässiger ist es.

Warum günstig kaufen und teuer verkaufen, funktioniert nicht

Der Grund, warum diese traditionelle Weisheit im Forex-Handel kontraproduktiv ist, liegt darin, dass Sie einige der besten Gelegenheiten zum Geldverdienen verpassen werden, wenn Sie wirklich warten, bis die Preise fallen. Bedenken Sie: Wenn sich eine Währung zu erholen beginnt, wie hoch sind die Chancen, dass sie sich zurückziehen wird?

Was, wenn dies nicht der Fall ist und sie sich stabilisiert? Wenn Sie weiterhin auf einen Rückzug warten, könnte es passieren, dass Sie nie in den Handel einsteigen, da die

FOREX-STRATEGIEN

meisten Währungsänderungen von neuen Markthöchstständen aus und ohne jeglichen Rückzug erfolgen.

Wenn Sie also vorhaben, Ihre Forex-Handelsstrategie darauf zu konzentrieren, auf einen Einstieg zu Stützpreisen zu warten, wachen Sie auf! Sie können bei den profitabelsten Geschäften verlieren. Was Ihre Forex-Handelsstrategie anstreben sollte, ist eher "hoch kaufen und hoch verkaufen", d.h. Sie sollten versuchen, das Gegenteil von dem zu tun, was die Leute im Allgemeinen tun. Versuchen Sie, sich über alle Fortschritte bei Unterstützung und Widerstand zu informieren, und verkaufen und kaufen Sie dann entsprechend.

Sie müssen den Mut haben, aber Sie verdienen Geld

Die Politik, sich gegen die Menge zu stellen, erfordert Mut zum Üben. Aber denken Sie mit kühlem Kopf über die Strategie nach, und Sie werden sehen, dass es das Logischste ist. Wie oft haben Sie schon davon gehört, dass Händler Unterstützung kaufen, aber der Markt seinen freien Fall fortsetzt und die Unterstützung bricht?

Und noch einmal: Haben Sie noch nie davon gehört, dass der Preis weiter steigt und niemals Unterstützung erreicht, wodurch der Händler die Gelegenheit verpasst, von diesem Trend zu profitieren?

Anstatt also traditionell zu sein und Geld zu verlieren, ist es einfacher, die Ausbruchspolitik zu übernehmen: Sie werden sich nicht wohl fühlen, wenn Sie hineingehen, aber Sie werden Geld verdienen. Der Trick besteht darin, mit dem von der unterlegenen Mehrheit gesetzten Muster zu brechen und das zu tun, was angesichts der gemeinsamen und vorhersehbaren Reaktion produktiv und logisch ist.

FOREX-STRATEGIEN

Die Bedeutung von Echtzeit-Forex-Charts

Wollen Sie auf dem Devisenmarkt Geld verdienen? Um dies zu erreichen, müssen Sie über fundierte technische Kenntnisse verfügen, die sich auf die Fähigkeit konzentrieren, Wechselkurse durch die Interpretation von realen Forex-Charts zu verfolgen.

Wenn Sie ein Amateur auf diesem Gebiet sind, sollten Sie schnell authentische Währungstabellen aus dem Internet entdecken, oder Sie können sich für kostenlose echte Währungstabellen entscheiden. Die beste Option ist jedoch, die Hilfe einer kostenlosen Software zur Erkennung von Diagrammen in Anspruch zu nehmen und sie zu beherrschen, Sie sind für dieses Geschäft gut vorbereitet.

Online-Devisencharts halten Sie jederzeit über die Währungswerte auf dem Laufenden, selbst zwischen kurzen Zeiträumen, wie Minuten, und langen Intervallen, wie mehreren Jahren. Diagramme, die Kursschwankungen darstellen, sind Liniendiagramme, Balkendiagramme oder Kerzentabellen.

Liniendiagramme sind leicht zu interpretieren und helfen Ihnen, das Auf und Ab der Preise umfassend zu überprüfen. Es hilft Ihnen, den aktuellen Trend der Wechselkursbewegung zu verfolgen. Im Gegensatz dazu sind Balkendiagramme nicht so übersichtlich wie Liniendiagramme, liefern aber sehr detaillierte Informationen.

Zusammenfassend lässt sich sagen, dass die Länge eines Balkendiagramms das Ausmaß

 FOREX-STRATEGIEN

des Preisanstiegs oder -rückgangs darstellt, und die Amplitude gibt die Dauer an, die dies miterlebt hat. Die Anfangs- und Endkurse sind in der Tabelle angegeben, damit Sie die Spanne erkennen können und feststellen können, ob es sich um einen Rückgang oder einen Anstieg handelt. Es ist eine Mustererkennungssoftware erhältlich, die die Balkendiagramme für Sie interpretiert und Ihnen die Arbeit erleichtert.

Die Japaner waren die ersten, die Kerzendiagramme benutzten, um den Umfang ihrer Reisproduktion aufzuzeichnen. Seitdem sind sie immer beliebter geworden. Obwohl sie Balkendiagrammen ähnlich sind, sind sie farbig.

Jede Farbe fungiert als ein Code, der den Anstieg oder Fall des Preises anzeigt. Der Index ist auf dem Diagramm selbst vermerkt. Daher sind Kerzendiagramme viel einfacher zu verwenden als Balkendiagramme. Candlestick-Charts haben einzigartige

Muster und sind so schön, dass sie nach Naturschönheiten benannt sind. Sobald Sie das bestimmte Muster erkennen können, werden Sie den Markttrend erkennen.

Ein echtes Forex-Chart wird oft durch viele technische Indikatoren wie Trend, Stärke, Volatilität und zyklische Bewegungen ergänzt. Ein Forex-Chart ist an sich schon nützlich, aber diese begleitenden Informationen sollen Ihnen die Aufgabe der Marktanalyse erleichtern, sowohl die Marktbewegungen als auch das Marktvolumen vorherzusagen.

FOREX-STRATEGIEN

Zinsberechnung am Devisenhandel

Eines der besten Dinge am Forex-Handel ist die Tatsache, dass man mit Hebelwirkung handeln kann, d.h. man kann bis zum 1.000-fachen seines Kapitals leihen, um einen Handel zu tätigen. Geld für den Handel mit Fremdwährungen zu leihen ist jedoch dasselbe wie für andere Zwecke zu leihen: Die Zinsen müssen für das Darlehen gezahlt werden.

Da der Devisenhandel jedoch sowohl den Kauf als auch den Verkauf von Devisen beinhaltet, können die für Ihr Darlehen fälligen Zinsen durch die für die von Ihnen gekaufte Währung erzielten Zinsen ausgeglichen werden. Bevor wir zu

 FOREX-STRATEGIEN

konkreten Beispielen übergehen, wollen wir einen Blick auf die Zinssätze im Allgemeinen werfen, um zu sehen, wie sie sich auf den Devisenmarkt auswirken.

Bei den Zentralbanken werden die Zinssätze entsprechend der Geldpolitik eines Landes festgelegt: Hohe Zinssätze verteuern die Währung in der Anschaffung, niedrige Zinssätze machen sie günstiger.

Stellen Sie sich vor, dass die Regierung eines Landes mit hoher Inflation Ihnen hilft zu verstehen, wie Zinssätze verwendet werden.

Die Regierung kann aufgrund der rasch steigenden Preise beschließen, die Zinssätze zu erhöhen. Dies würde die Kosten für die Währung des Landes erhöhen und zu einem Rückgang der Nachfrage und des Konsums führen, da Kredite teurer würden.

Dies wiederum würde zu sinkenden Preisen und Inflationsraten führen. In ähnlicher Weise könnte ein Land, das sich in einer Rezession befindet, die Zinssätze senken, um die Wirtschaft des Landes anzukurbeln, da ein niedriger Währungspreis zu einem Anstieg der Nachfrage und damit des Angebots führen würde.

Die von den Zentralbanken festgelegten Zinssätze bestimmen auch den Zinssatz, zu dem die Geschäftsbanken Kredite von Regierungen aufnehmen und an ihre Kunden, einschließlich Devisenhändler, ausleihen können. Dies sagt uns, wie die Zinssätze diesen Handel beeinflussen.

Ein Händler, der z.B. GBP/USD kauft, muss sich die Dollar leihen, um die Pfund zu kaufen, und wird daher Zinsen auf den USD zahlen und diese mit dem GBP verdienen. Wenn der Zinssatz, den die Bank of England für das GBP festlegt, höher ist als der Zinssatz, den die Federal Reserve für den

USD festlegt, wird der Händler mit dem gekauften GBP mehr verdienen als mit dem geliehenen USD und somit einen Gewinn erzielen.

Wenn es jedoch keinen signifikanten Unterschied zwischen den beiden Raten gibt, wird das Nettoergebnis marginal sein. Während die Zinssätze jährlich festgelegt werden, sind Handelspositionen im Allgemeinen für kurze Zeiträume offen. Dies dient dazu, eventuelle Zinsgewinne oder -verluste deutlich zu reduzieren.

Die Vorteile des automatisierten Devisenhandels

Der Devisenhandel ist heutzutage für eine wachsende Zahl von Menschen die bevorzugte Form der Investition. Es ist klar, warum das so ist.

Als weltgrößter Handelsmarkt hat der Forex-Markt ein stetig wachsendes Handelsvolumen, das in den letzten zwanzig Jahren von rund 500 Milliarden Dollar auf fast 2 Billionen Dollar gestiegen ist.

Da er zudem nicht an einen bestimmten Handelsplatz gebunden ist, handelt es sich um einen ungewöhnlich liquiden Markt. Der

FOREX-STRATEGIEN

24-Stunden-Handel macht ihn auch zu einem permanent geöffneten Markt. Da sich viele Märkte gleichzeitig öffnen und schließen, können die Märkte auf der ganzen Welt wirksam überwacht werden.

Daher werden sowohl große als auch kleine Händler vom Forex-Handel angezogen. Sie verfügen über eine breite Palette von Handelsstrategien, die auf den verschiedenen Aspekten der Wechselkurse basieren. Viele Händler, die den Markt betreten, empfinden die verschiedenen Dinge, die die Wechselkurse beeinflussen, aus einem einfachen Grund als sehr attraktiv: Sie können bei der Arbeit in diesem aufregenden und stimulierenden Markt eine breite Palette von Instrumenten einsetzen.

Automatisierung ist heute vielleicht der größte Einfluss auf das zukünftige Wachstum des Forex-Marktes, da sie mehr Vor- als Nachteile mit sich bringt. Manuelle Systeme, die versuchen, in einem schnelllebigen und

volatilen Umfeld zu handeln, bringen mehrere Verluste mit sich.

Eine einfache Verzögerung beim Kauf und Verkauf kann in einem manuellen System eine Reihe von Verlusten verursachen und so dem Händler immense Frustration bereiten. Automatisierter Devisenhandel ermöglicht es, überall auf der Welt in Echtzeit zu handeln, und eliminiert die Verluste, die bei manuellen Systemen auftreten.

Ein weiterer Vorteil des automatisierten Devisenhandels ist der gleichzeitige Handel auf einer Vielzahl verschiedener Währungsmärkte, ohne sich über die Zeitzonen der jeweiligen Standorte Gedanken machen zu müssen. Wenn Sie um 2 Uhr morgens in New York City sitzen, können Sie mit Händlern aus verschiedenen Ländern auf der anderen Seite der Welt gleichzeitig und mit großer Leichtigkeit Geschäfte machen. Alles dank des automatisierten Devisenhandels.

 FOREX-STRATEGIEN

Das Risikomanagement gibt Händlern oft Anlass zur Sorge, aber selbst dies wird durch den automatisierten Devisenhandel reduziert. Die Zahlungen können nun in Echtzeit synchronisiert werden, was die Händler zufrieden stellt, im Gegensatz zum manuellen Handel, bei dem nach Abschluss des Handels immer Ungewissheit über die erfolgte Zahlung besteht. Das automatisierte Handelssystem wird schrittweise entwickelt, was die Hoffnung mit sich bringt, dass das Abwicklungssystem aktualisiert wird und die Marktrisiken bald verschwinden werden.

Wenn es eine Technologie gibt, die sich in den letzten Jahren sprunghaft weiterentwickelt hat, dann ist es die Informationstechnologie. Tatsächlich wird erwartet, dass sie noch viele Jahre lang weiter wachsen wird. Noch wichtiger ist, dass Fortschritte in der Computertechnologie gut für Händler sind, die Zugang zum besten automatisierten Forex-Handel haben wollen.

 FOREX-STRATEGIEN

Der einfache und kostengünstige Zugang zur Technologie von zu Hause aus bedeutet, dass die Händler ihre eigenen Investitionen problemlos verwalten können. Daher wird der automatisierte Devisenhandel eine willkommene Ergänzung zu einem voll funktionsfähigen Investitionsinstrument für diejenigen sein, die in der Devisenwelt handeln.

Auswahl der richtigen automatisierten Forex-Handelssoftware

Der automatisierte Devisenhandel hat seine eigenen Vorteile. Hier müssen Sie nur den generierten Handelssignalen folgen, und wenn Sie in der Lage sind, sie diszipliniert auszuführen, und wenn Ihr System logisch ist, dann können Sie leicht Gewinne anhäufen.

Bevor wir die verschiedenen Möglichkeiten analysieren, wie Sie mit dieser Software einen Gewinn erzielen können, wollen wir einen Blick darauf werfen, was Sie nicht tun sollten.

 FOREX-STRATEGIEN

Viele Händler finden Forex-Roboter online und kaufen sie. Aber Sie sollten bedenken, dass die meisten davon Schrott sind und nie in Echtzeit gehandelt wurden. Werfen Sie einen Blick auf die Geschichte und dann auf den Haftungsausschluss. Es ist wahrscheinlich hypothetisch oder ermutigend, und das ist kein sicherer Hinweis auf zukünftige Ergebnisse. Es ist merkwürdig, wie jemand einfach einen Test machen und sagen kann, dass er damit Geld verdient.

Natürlich verdienen sie Geld für den Verkäufer, sie bekommen den Verkauf der Software und der Händler wird auf dem Markt überrannt. Niemand bekommt 100.000 Dollar Jahreseinnahmen für 100.000 Dollar. Mit diesen stimulierten Systemen werden Sie nie Geld verdienen, also versuchen Sie, sich von ihnen fernzuhalten.

Lassen Sie uns nun einen Blick darauf werfen, wie der automatisierte

FOREX-STRATEGIEN

Devisenhandel richtig durchgeführt wird, und Optionen diskutieren.

Kaufen Sie ein System mit einer Historie, das zwei Jahre lang geprüft wurde. Sie sind vielleicht nicht billig, aber sie können sich um ein Vielfaches selbst bezahlen. Stellen Sie einfach sicher, dass Sie die Logik verstehen und ihr zustimmen, bevor Sie sie anwenden.

Probieren Sie die freien Systeme aus. Schauen Sie sich unsere anderen Artikel an, um mehr über sie zu erfahren, und Sie werden sehen, warum dies ein großartiger Ort ist, um Ihre Karriere im automatisierten Devisenhandel zu beginnen.

Machen Sie weiter und bauen Sie Ihre eigenen. Das ist einfacher, als es aussieht. Es ist auch eine bessere Art zu handeln, denn wenn Sie das System aufbauen und anpassen, gewinnen Sie mehr Vertrauen und können diszipliniert handeln, selbst in Verlustzeiten.

Wenn Sie sich entscheiden, ein System selbst aufzubauen, haben wir dies in unseren Artikeln behandelt. Aber der beste Weg, dies zu erreichen, besteht darin, mit Sprossen, mit neuen Hochs oder Tiefs zu handeln, Impulsindikatoren zu haben, um Ihre Bewegungen zu timen, und sich auf langfristige Trends zu konzentrieren. Je einfacher, desto besser. So können Sie mit den sich ändernden Marktbedingungen umgehen. Sie mit zu vielen Indikatoren zu füllen, könnte sie verderben.

Sobald Sie im Besitz eines Systems sind, besorgen Sie sich ein Forex-Software-Paket, programmieren Sie die Regeln und schon sind Sie startklar.

Denken Sie daran, dass alle Devisenhandelssysteme, auch die besten,

Verluste erleiden werden, die über einen langen Zeitraum anhalten können. Sie müssen so lange handeln, bis Sie einen Home-Run geschlagen haben, und aus diesem Grund ist Disziplin und Geldmanagement notwendig.

Wenn Ihr System jährlich 50-100% zusammensetzt, sind Sie Teil der besten automatisierten Forex-Handelssoftware und können an den Märkten handeln und erfolgreichen Forex-Handel genießen.

 FOREX-STRATEGIEN

Besuchen Sie unsere Website! Holen Sie sich weitere Bücher von MENTES LIBRES!

https://www.amazon.de/MENTES-LIBRES/e/B08274DDV4?ref_=dbs_p_ebk_r00_abau_000000

Wenn Sie möchten, können Sie Ihren Kommentar zu diesem Buch hinterlassen, indem Sie auf den folgenden Link klicken, damit wir uns weiter entwickeln können! Vielen Dank für Ihren Kauf!

https://www.amazon.de/dp/B0892X7NG7

www.ingramcontent.com/pod-product-compliance
Lightning Source LLC
Chambersburg PA
CBHW050252220526
45465CB00002B/654